中华武馆

Zhongguo Wenhua
Zhishi Duben

中国文化知识读本

主编 金开诚

编著 宿巍

牌 坊

吉林出版集团有限责任公司

吉林文史出版社

图书在版编目（CIP）数据

牌坊 / 宿巍编著. —— 长春：吉林出版集团有限责任公司：吉林文史出版社，2009.12（2023.4重印）（中国文化知识读本）

ISBN 978—7—5463—1586—7

Ⅰ．①牌… Ⅱ．①宿… Ⅲ．①牌坊－简介－中国 Ⅳ．①K928.71

中国版本图书馆CIP数据核字(2009)第236866号

牌坊

PAIFANG

主编/金开诚　编著/宿巍

项目负责/崔博华　责任编辑/曹恒　崔博华

责任校对/王新　装帧设计/曹恒

出版发行/吉林出版集团有限责任公司　吉林文史出版社

地址/长春市福祉大路5788号　邮编/130000

印刷/天津市天玺印务有限公司

版次/2009年12月第1版　印次/2023年4月第3次印刷

开本/660mm×915mm　1/16

印张/8　字数/30千

书号/ISBN 978-7-5463-1586-7

定价/34.80元

前　言

　　文化是一种社会现象，是人类物质文明和精神文明有机融合的产物；同时又是一种历史现象，是社会的历史沉积。当今世界，随着经济全球化进程的加快，人们也越来越重视本民族的文化。我们只有加强对本民族文化的继承和创新，才能更好地弘扬民族精神，增强民族凝聚力。历史经验告诉我们，任何一个民族要想屹立于世界民族之林，必须具有自尊、自信、自强的民族意识。文化是维系一个民族生存和发展的强大动力。一个民族的存在依赖文化，文化的解体就是一个民族的消亡。

　　随着我国综合国力的日益强大，广大民众对重塑民族自尊心和自豪感的愿望日益迫切。作为民族大家庭中的一员，将源远流长、博大精深的中国文化继承并传播给广大群众，特别是青年一代，是我们出版人义不容辞的责任。

　　本套丛书是由吉林文史出版社和吉林出版集团有限责任公司组织国内知名专家学者编写的一套旨在传播中华五千年优秀传统文化，提高全民文化修养的大型知识读本。该书在深入挖掘和整理中华优秀传统文化成果的同时，结合社会发展，注入了时代精神。书中优美生动的文字、简明通俗的语言、图文并茂的形式，把中国文化中的物态文化、制度文化、行为文化、精神文化等知识要点全面展示给读者。点点滴滴的文化知识仿佛颗颗繁星，组成了灿烂辉煌的中国文化的天穹。

　　希望本书能为弘扬中华五千年优秀传统文化、增强各民族团结、构建社会主义和谐社会尽一份绵薄之力，也坚信我们的中华民族一定能够早日实现伟大复兴！

目录

一、牌坊的历史起源及演变

（一）牌坊的历史起源

牌坊，作为中国悠久历史和文化的一种象征，历史源远流长。它的产生和发展与三种建筑关系密切，这三种建筑分别是华表、门阙和衡门。

华表在汉代称恒或恒木，最初是木制的，主要立在官署、驿站、通衢大路上，是一种标识性建筑，作用相当于现在的路标、路牌。唐宋以后原始的功能逐渐消失转而成为一种具有纪念性和装饰性的柱子，用于官署、坟墓之前，并改用石制，就其建立的意义来说，与现在的牌坊相近。

门阙也叫阙门，又叫两观、象魏，是古

如今华表已成为一种具有纪念性和装饰性的建筑物

代一种位于重要地方比如皇宫、官署大门通路两旁的望楼式建筑，最初用于警戒瞭望，作用相当于现在的外大门。由于出入这些地方的人众车马很多，为了确保安全，才修建了这种类似单体碉堡的建筑，以便守卫人员警戒盘查、登高眺望。秦汉时期，阙成为流行一时的装饰性建筑，被大量应用在宫殿、陵墓前。这时的阙有两种形制，一种是在两阙之间安有大门，类似于后来的棂星门牌坊。在成都发现的汉代画像砖上，已经有形状近似于后代牌坊的门阙了，这种阙后来发展得愈发高大雄伟，最终成为现代北京故宫午门的样式。它的功能除原有的防御作用外，更加注重本身的装饰性，以烘托出庄严、肃穆的气氛。另一种是没有大门的阙，保存至今的河南登封太室祠石阙、山东嘉祥武祠，都属于这种无门之阙。这种阙，两阙之间的距离都在七八米。因为通常建于祠庙、陵墓前，中间的空道被称为神道，所以这种阙也叫神道阙，发展到后来成为纯粹的纪念性建筑，也就是牌坊的前身。

衡门是牌坊的雏形

　　衡门，是牌坊众多来源中最为重要的一个，《诗·陈风·衡门》中记载："衡门之下，可以栖迟。"意思是说可以在衡门下休息歇

在两个华表之间架上横梁，再安上大门，就是一座气派的乌头门了

脚，这是最早有关衡门的历史记录。《诗经》是我国最早的一部诗歌总集，大约成书于公元前 6 世纪，也就是我国历史上的春秋时代，收集的基本是从周初到春秋中期的作品，由此可以推断，"衡门"最晚在春秋中期就已经出现。衡门是用两根柱子分别置于两边然后再在上面架一根横梁，是我国有确切历史记载的最早、最原始、最简单的门，也是牌坊的雏形。到了汉代，在原有衡门的基础上不断改进，加高加厚，再在上面加个檐顶，就是牌坊的雏形门——乌头门。乌头门的形成有两个来源，一个是衡门，另一个就是华表。

山东曲阜孔庙棂星门

因为主要建立在重要的官署等部门前，在两个表之间架上横梁，再安上大门，就是一座气派的乌头门了。乌头门盛行于汉代，到了唐代也有人叫表揭、阀阅，到了宋代，百姓都叫棂星门。关于棂星门的来历，史书中记载，棂星就是"灵星"，也就是今天的"天田星"。汉高祖刘邦曾规定，祭天要先祭灵星。北宋时期，宋仁宗要营建用于祭祀天地的"郊台"，设置了"灵星门"，因为门是木制的，又在门上用窗棂装饰，为了区别"灵星"，于是改叫"棂星门"，此后凡是重要的宗庙建筑，都要用棂星门来做装饰。例如用来纪念儒家至圣

曲阜孔庙前的牌坊

先师——孔子而修建的孔庙，以及一些重要的佛寺庙观在大门前都有棂星门，这是用祭祀天地的隆重礼仪来表示对孔子和佛道的尊重。从基本的建造构式上讲，乌头门、棂星门、牌坊基本上是一种建筑，只是在建造的地点用途上有所区别，所以用不同的名称来区别。例如，曲阜孔庙前就把棂星门和牌坊同时使用，二者的建筑构造完全相同，只是名称不同罢了。

牌坊是官方的一种叫法，老百姓俗称牌楼。但是，从严格的意义上来说，二者是有区别的。牌坊没有"楼"的构造，即没有斗拱和屋顶。牌楼有屋顶，它有更大的烘托气氛。但是由于二者都是我国古代用于表彰、纪念、装饰、标识和导向的一种建筑物，功能相近，而且又多建于宫苑、寺观、陵墓、祠堂、衙署和街道路口等地方，再加上长期以来普通老百姓对"坊"和"楼"的区别分类并不清楚，经常把两者混淆，所以到最后"牌坊"和"牌楼"就成了对一种事物的两个不同的叫法了。

山东曲阜至圣庙牌坊

（二）牌坊的历史演进

清楚了牌坊的历史渊源，那么牌坊是怎样发展成为后来专门用来作为表彰性纪念性的建筑的呢？这要从我国早期的城市规划制度上寻找答案。春秋战国乃至秦汉时期，在我国的城市管理体制中实行闾里制度，就是把在城里居住的居民，按居住地域划分成纵横交错的棋盘式的方块形居住区，这些居民区，唐代称为"坊"。坊是居民居住区的基本单位。根据《旧唐书·职官志》记载，当时以一百户为一里，五里为一乡，在两京长安、洛阳以及全国各州府、县署所在地的城市，都把城内的区域划分为若干坊来进行管

气势恢弘的白马寺石牌坊

关林石牌坊

理,每坊都有专门的人负责,称为坊正。此外,又把坊内的居民以四家为一邻,五邻为一保,每保设保长,以便于管理。坊大部分都呈长方形布局,在坊的四周筑有高约三米的坊墙,用来保卫坊内居民的安全,同时又和外界相隔绝,"坊"与"坊"之间也有墙相隔,坊墙中央设有门,以便通行。

每个坊大约有二到八个坊门,就是那种装饰讲究的乌头门,坊门都是跨街而建,供坊内外的人们往来,坊门有规定的开放和关闭时间,除了每年政府规定的几个重要节日可以通宵开放外,其余时间都要按时关启。

"天下第一名刹"少林寺石牌坊

由于坊门是人们每天的必经之地，所以往往是人群最集中、最热闹的地方。官府的布告公文和私人的文告经常张贴在坊门上，作用相当于现在的信息公告板，在唐代著名诗人白居易的《失婢》中就有"宅院小墙庳，坊门贴榜迟"的诗句。坊内的居民如果在操行道德方面做出了值得称道的行为或是在科举上取得了好的成绩，官府都要在坊门上张榜公布以示表彰，这也是华表建立的初衷，牌坊也就是由此产生，当时叫做"表闾"。表，即是表彰、赞扬的意思；闾，是那时里巷的大门。表闾，就是在里巷的大门上，表扬那些在道德、孝行、科举方面有突出表现的人和事。当时，已成为约定俗成的规定，这也是后来牌坊的主要功能——旌表。

这种做法的起源可以追溯到久远的商周时代，据汉代著名史学家司马迁的《史记·周本纪》记载，周武王在灭商时，曾让他的大臣毕公，"表商容之闾"，这里的表闾就是前面提到的表彰、赞扬的意思。商容是商朝的贤臣，周武王这样做的目的是为了收买人心，巩固自己的统治。这种制度一直沿袭下来，汉代也有此项制度。到了唐宋时期，因为有良好的品德和值得称颂的言行而被记载的人和事就更多了。在《宋史·孝义传》中曾记载了这样一件事，当时的江陵有位教书先生名叫庞天佑，对父亲十分孝顺。有一次，他的父亲得了一种怪病，多方医治都不见好转，他就把自己腿上的肉割下来，熬成汤给父亲喝，治好了父亲的怪病，当时的人们都认为是他的孝心感动了上天。后来，他的父亲活到八十多岁才去世。他父亲死后，庞天佑日夜哭泣不绝，并在父亲的坟墓旁搭起草棚为父亲守孝。此事在当地被广为传颂，当地的知府听说了以后，也十分感动，亲自到坟前祭拜并把此事上奏朝廷。于是，皇帝亲下诏

清净淡雅的杭州灵隐寺牌坊

牌坊的历史起源及演变

四柱三间牌坊

书在庞天佑住所的里门旁"筑阙表之"。

在唐宋时期，坊是城里居民的基本居住单位，唐代的坊管理比较严格，到了宋代，由于城市经济的繁荣，坊和当时用作交易的"市"（也就是现在的交易市场）的界限逐渐被打破，在经济较为发达的城市，政府开始允许居民沿街开设店铺，尤其是在城市的繁荣地段，人们纷纷拆除坊墙，改造成店铺，以获取经济利益。此后，发展到居住区内的坊墙也基本都被拆除了，这样一来，只剩下独立于街口的坊门还孤零零地矗立在那里。从而使坊门以及坊的旌表用途保留下来，并演变为牌坊这样一种独特的专门性的纪念性表彰建筑。牌坊，从乌头门（牌坊的起源和早期形制）开始一直都是一间的，到了唐宋时期，由于街道不断拓宽，坊门的跨度也不断延伸加长，发展到四柱三间。因为当时的坊门大都是木制的，同时又是重要的表彰性建筑，于是越来越注重牌坊的外部装饰，在坊门上飞檐斗拱，加强其庄重和神圣性。

在元代又出现了石制的牌坊，到了封建统治的顶峰——明清时期，牌坊也发展到了它的黄金时代，无论从制作工艺、牌坊的数量还是对当时社会的影响，都远远超出前代，当然，这和明清统治者的大力倡导是分不开的。当时，牌坊的修建和管理都由政府统一安排。明朝洪武二十一年（1388年），明太祖朱元璋下令修建状元坊用来表彰在科举考试中取得优异成绩的考生，此举开创了由政府批准修建牌坊的先例。从这时候开始，牌坊这一特殊的建筑形式就和封建礼教、帝王恩宠紧密地联系到了一起。在当时等级制度森严的封建社会里，立牌坊可是一件极为庄严、隆重和光荣的事情，当时的人们都把立牌坊视作非常光荣的和值得炫耀的事。获此待遇的人更是会名誉、身价倍增，社会地位

明代开始，牌坊就与封建礼教等紧密联系在一起

北京国子监牌坊

也会有很大的提高，甚至整个家族的人都会觉得无限的荣光。

（三）建立牌坊的条件

牌坊的建立，绝非易事，就以牌坊发展最为鼎盛的明清时期来说，要想立牌坊需要具备以下几个条件：

1. 要有一定的社会地位：比如要为在科举考试或仕途上取得卓越成就的人立牌坊，都必须是曾进入国子监读过书或者获得举人以上功名的人，才有资格提出申请；此外，还要在地方上有一定的声誉，其人和事迹有广泛的影响力。

2.必须得到皇帝的恩准：从明代开始，就已经由政府负责牌坊的审核批准和统一管理。申请人在提出建立牌坊的申请，获得地方官府的批准后，还要由地方政府上报到中央政府（朝廷），由皇帝亲准，才可以兴建，最后由官方出资建立功名坊。

3.要有雄厚的财力做支撑：立牌坊表面上看是对个人的一种表彰，但实际上，这往往牵扯到整个家族的利益。一些地方的强宗大族，都倾向采用这种方式扩大本家族在地方上的影响力，他们需要来自朝廷的褒奖来提升其在当地的政治地位。所以，往往会通

北京朝阳门外秩祀岱宗牌坊

牌坊的历史起源及演变

过各种方式和途径买通当地的官员获得推荐的资格，这要耗费大量的金钱。在一本名叫《秦氏族约》的家族族规中，有这样一条规定：如果本族中有在忠孝节义方面做出杰出表现，而因为经济上的困难、无力申请朝廷旌表的人，要通过家族内部集资筹款的方式进行资助。清代，安徽徽州一份盐商筹建牌坊的资料，有助于我们更深入地了解当时的实际情况，这份珍贵的历史资料很清楚地说明了经济实力在建造牌坊过程中的重要性。

原文如下：

由学备文移县转府申详藩宪及院宪，共额费元银五拾五两

立牌坊不是一件易事，要耗费大量的人力财力

内老师计额元拾贰两

学胥计元八两

县礼房额元六两

府礼房额元四两

布政司房额元七两

院房额元拾八两

倘由部报饬县印结，约额费元拾两之间

系老师处约在八两

县、府礼房各一两

藩、院房无额费，县、府礼房均可承办

从这张账单上，可以看出当时官吏的贪婪与腐朽，为打点各级衙门竟花费五十五两银子。申请建坊，在当时是对一个家族实力

河北承德外八庙琉璃牌坊

牌坊

河南安阳内乡县衙牌坊

的考察和检验。

明清两代是建坊比较多的朝代，尽管如此，能够有幸获准立牌坊的，仍然是极少数。影响入选的因素很多，但基本上都是高门大户、世代为官的豪族和一些财大势强的地方乡绅土财主。通常情况下，身为万民之主、一国之君的皇帝是没有闲情逸致去关注这些民间琐事的。所以，所谓的"亲准""御批"，都只是借用皇帝的名义而已，实际上都是由礼部"批发"的。按照清朝政府的规定，获准建坊后，要由政府拨付修建的银两（因为是国家批准建立的），名为"建坊银"，由当事人的家族出面组织承办。但区区三十两仅仅是个象征性的表示，相对于兴建牌坊的巨大开销，这只是杯水车薪。而且，就像前面提到的，这些银两连打点各级官员都不够，更别提建牌坊了。就拿建状元坊的中举者来说，有的人干脆拿这钱去孝敬主考官，而不是用来建牌坊。这真是最辛辣的讽刺。

（四）修造牌坊的意义

在注重封建礼教、讲究尊卑等级的古代社会，牌坊是崇高荣誉的象征，可以彰显门第，

安徽黄山黟县西递村"荆藩首相"胡文光牌坊

龙潭湖公园标志性牌坊——龙吟阁

光宗耀祖。树立牌坊是对在德行、功勋上取得成就的人的最高褒奖，不仅仅是个人，就连其家族也备感荣耀。在当时的人看来，这是流芳百世之举，是与名留青史同样值得骄傲的事情，是人们一生的最高追求，也是在当时的社会可以给予普通民众的最高精神奖励和荣誉。以上是修建牌坊对个人的意义。

如果从更深层次来解读修建牌坊的意义，我们不难发现其背后隐藏的真实意图，那就是愚弄人民、巩固统治。牌坊，作为封建礼教下的产物，其在精神层面的引导规范作用，显而易见，就是利用牌坊这一媒介，宣扬赞颂那些符合统治阶级要求的顺民的事

在封建社会，牌坊成为修建
者维护统治的工具

迹来"纯化"民风民俗、树立"良好"的社
会风尚，从而达到缓解社会矛盾、稳固统治
的目的。

二、牌坊的建筑形制、工艺和分类

气派的河北清东陵牌坊

（一）牌坊的构造

牌坊，一般由基础、立柱、额枋、字牌和檐顶五部分构成。

基础是牌坊最基础也是最重要的部分，好比盖高楼，如果地基打得不牢，房子就不会坚固，建牌坊也是同一道理。牌坊的基础包括地上与地下两部分，地面部分就是基座，按材质分类有木牌坊和石牌坊。木牌坊，一般是将柱脚牢牢地夹在条石中，在露出地表的部分锁一道铁箍。石牌坊，柱根上一般使用须弥座、抱鼓石和蹲狮，当然也有不用的。例如，著名的皇家陵墓明十三陵及清陵，采用的都是仿木的大石礅，在上面刻上云龙纹、神兽，大石礅下面是基石。基础的地下部分是基脚，基脚主要是柱顶石、砖石砌成，深度从几米到十几米不等。牌坊不同于其他形制的建筑，它基本上是"无依无靠"，要想使它巍然屹立千年而不倒，基础必须要牢固。但是牌坊就其本身建立的意义重在彰显，所以牌坊的主体部分（也就是露在外面的部分）要占用相当大的体积和重量。为了增强牌坊的整体稳定性，石牌坊的抱石鼓和石狮子都比较高大。木制的牌坊，每根立柱还需要依靠两根斜撑的木柱。

立柱在牌坊中扮有重要的角色

立柱是牌坊的主要支撑部分，牌坊上的各大横向组件，都要穿搭在立柱上。它主要有两种形制，即圆柱和方柱。木牌坊大都是圆柱的，石牌坊则有圆有方。在一些高大华丽的牌坊上，由于装饰过于繁多，整体的比例显得不够协调，立柱承受的压力过重，不利于牌坊的稳固，为了弥补这种缺点，增强视觉的感官效果，加固立柱的强度，会在立柱的内侧加设一个小柱。加在木牌坊上的称"戗柱"；加在石牌坊上的称"梓框"，明清时期的陵墓所用的石牌坊，大都使用了梓框。

牌坊的形制规格，按照我国传统的划分方法，是以立柱作为区分不同规格的标准的。

四柱三间牌坊

通常把两柱之间的门洞叫间，两根柱子叫一间，三根柱子叫两间，以此类推。最中央的间被称为"当心间"，两边紧邻的称"次间"，再靠边上的称"稍间"，柱以偶数增减，间呈奇数变化。一般称作：两柱一间牌坊、四柱三间牌坊、六柱五间牌坊等。牌坊的间数之所以呈奇数变化是因为古人认为奇数为阳，偶数为阴。如果房屋、楼塔建成偶数，会被认为是不吉利的。所以，北京故宫的房屋要建成九千九百九十九间半，就连普通百姓的四合院房子也要建成单数的，这是受中国古代阴阳风水说的影响。在等级森严的封建社会里，牌坊也是身份地位的象征，是不能随

六柱五间牌坊

便修建的，有着严格的等级限制。只有皇帝和皇室成员才能使用最高规格的六柱五间牌坊，其他人最高也只能建四柱三间牌坊，但孔子的牌坊可以不受限制，使用最高的标准，这也是对这位至圣先师的一种尊崇。

牌坊，按柱子是否出头分成两大类：冲天式（柱子出头的）和非冲天式（柱子不出头的）。可以说柱子在牌坊的建筑构成中具有重要的地位，在牌坊类型的划分上，柱子也是重要的参考因素。

额枋是牌坊作为表彰式纪念性建筑意义最为重要的部分，牌坊的旌表性功能，就是在这里充分体现出来的。额枋的基本组件有

额枋是牌坊旌表功能得以体现的重要部分

小额枋、大额枋、平板枋、垫板等，因为建坊者的社会地位、经济实力等因素的影响，建造成的牌坊种类繁多、形式各异。有的极为简朴，有的华丽非凡。大多数的牌坊都很重视外部的装饰，以至于形成了竞相攀比的浮靡风气。

字牌是用于在牌坊上题刻文字的，以最常见的四柱三间坊来说，一般是在"当心间"上做一块高约一米，长度随间宽的字牌，在

字牌一般题在"当心间"上

上面书写正文，在两侧的次间字牌上是小字的注文和题书者的落款。还有的在正文字牌的上面再立一块同样的字牌，写上一些赞颂的词句，诸如"乐善好施"等。再往上是紧贴在檐下的竖着的小字牌，上面写着"圣旨"二字，字的旁边雕满了龙凤的图案，这是中央的当心间。两边的次间会相应地递减一层字牌和额枋，以凸显出主题牌坊。在牌坊的风格和形式上各地不尽相同，但主体上是一

牌坊中结构最为复杂的是斗拱

致的。

檐顶，这主要是对牌楼而言，由斗拱和出檐构成。结构上最为复杂的是斗拱，斗拱是最具中国传统风格的建筑构件。在中国古代的封建社会里，对斗拱的使用有着严格的限制，建筑上的斗拱的数量代表了主人的权势、地位、身份和等级，是不能随便用的。作为权力和地位的象征，斗拱自然是牌楼中不可或缺的重要组成部分。斗拱最初是用在屋檐下，起承载屋顶重量的作用，但用在牌楼上，主要是起装饰衬托的作用。斗拱在木制牌楼中用得较多，一般是重叠累加，多在三跳到五跳之间（也就是三层到五层），在石制牌楼中，层叠的数量也要二至三跳，即二到三层。牌楼的屋顶主要有两种：一种是庑殿式（四面坡顶），一种是悬山式（两面顶）。在实际应用中，以庑殿式最为常见，这主要是因为这种形制更为符合建造牌坊的最终用意，建在"当心间"的屋顶叫明楼或主楼，建在次间上的叫次楼，最边上的叫边楼。等级规格最高的是被称为"六柱五间十一楼"的牌楼，可以说是牌楼中规模最大、工艺最精，也是建造难度最大、耗银最多的，只有少量修造，例如，明代皇家陵墓——明十三陵，

建筑上斗拱的数量代表了主人的权势

牌坊的建筑形制、工艺和分类

河北遵化清东陵孝陵石牌坊

采用的就是这种样式。

（二）牌坊的制作工艺

牌坊，作为一种专门的纪念性、标志性和装饰性的建筑，其在建筑艺术上的成就是巨大的，几乎每一座牌坊都是一件精美的艺术品。牌坊的制作工艺集中表现在"雕""画""砌"这三方面。

雕，即雕刻、雕塑，包括石雕、木雕、灰雕（泥塑）和玻璃雕。在现存的牌坊中都能找到实例。但牌坊的制作工艺最集中的表现在石牌坊上，而石牌坊的工艺主要在雕刻上面。所以说，雕刻工艺是牌坊制作中的最为关键和重要的环节。石牌坊的每一个构件，从檐顶、额枋、立柱，到斗拱、花版，都是精雕细刻出来的。先把它们一件件地刻出来，然后拼接组合成一座完整的石牌坊，在石牌坊的每一处组件上，都可以看到那巧夺天工的雕刻技艺和构思巧妙的设计，使我们不得不赞叹古人的勤劳和智慧。

关于石牌坊的雕刻，主要有四种方法：

1. 高浮雕（也叫突雕）

主题装饰在石料表面突起较高、起伏较大的一种石雕。典型的有河南新乡潞简王墓前石坊立柱与额枋上的"双龙戏珠"。

河南新乡潞简王墓石坊上的
"双龙戏珠"石雕

2. 浅浮雕

突起的雕刻主题高出石面一般只有一至两厘米，不论是平面还是弧面，雕刻的各部分几乎都在一个平面上，可以相互重叠，增强立体感。北京的皇家陵墓大都使用这种雕刻手法。

3. 平浮雕

就是把除图案花纹以外的地方，都凿去一层，最大的特点是突起的雕和凹下去的"地"都是平的。

4. 阴线刻

特点是线形流畅、手法细腻，多见于汉白玉、青岗石等石坊上，主要用于主题花纹以外的地方，起烘托陪衬作用。

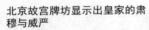

北京故宫牌坊显示出皇家的肃穆与威严

画，是指中国传统的绘画，基本是彩色的，作为建筑的重要装饰成分，在牌坊的外部设计上，画的地位举足轻重。中国的古典建筑大部分是木质结构，在木头上刷上彩色的油漆，既可以防腐，又可以起到美观点缀的作用，使整个建筑显得雍容华贵，可算一举两得。所以，彩绘（彩色的绘画）被大量用在宗庙宫殿、寺宇庙观上。有人说，中国的古典建筑是色彩的建筑，从现存的古代建筑来看，这种说法是符合事实的。牌坊的彩画多见于木制的牌坊，因为石牌坊虽然也曾有彩绘，但历经岁月的流逝，早已斑驳脱落了。至于色彩的搭配，与殿堂式建筑并无两样，琉璃瓦用黄色、额枋用清绿色、柱子用大红色、斗拱用深蓝色，使得整座牌坊庄重大气、雄伟壮观。像北京雍和宫的牌坊和国子监的牌坊都是这样配色的。在南方的一些地方，民间的绘画方法和色彩的选择，则要自由得多，不拘程式，不呆板，显示出一种新鲜的气息。

河南登封市嵩山中岳庙牌坊

砌，指用砖累砌，主要是砖牌坊上用得较多，也用在琉璃牌坊上，在我国的南方地区比较常见。通常用水磨青砖，凭借高超的累砌技术和精雕细琢，可以清晰地勾勒出牌坊的效果，甚至比木石牌坊还要精密细致。

牌坊的建筑形制、工艺和分类

广东省江门市五邑华侨广场牌坊

牌坊的装饰：用于装饰牌坊的内容很丰富，从人物故事、历史典故、民间传说，到花卉植物、珍禽异兽、山川水泽，几乎无所不包。即使是一些边远落后的地区也是如此，不能不令人惊叹！在牌坊的装饰上，也体现出了我们这个民族的文化习惯和民族特性。最典型的就是喜欢使用带有象征意义和隐喻性的花纹图案来暗示出牌坊主人的地位和身份，或者表达对他的尊敬和祝福。我们民族的性格含蓄而内敛，这影响到我们社会生活的方方面面，就连我们日常使用的文字，也是具有象征意义的。所以，牌坊装饰图案的选择是有深沉含蓄而又深远的意义的。

常用于牌坊上的图案有：

龙凤：是古老传说中的两种神兽，有吉祥美好的寓意。龙，代表威武刚强；凤，代表柔美贤淑。在中国传统文化中，龙是百兽之尊，是封建社会中作为至高无上的皇权的象征；凤乃百鸟之首，封建社会中常用来作为高贵的皇后的象征。龙凤是应用得最为广泛的一种装饰，在各地的皇家陵寝和宗庙建筑中最为常见。

蝙蝠：因"蝠"字与"福"字谐音，因而成为好运气和幸福的象征，人们常常以五

四川隆昌铃儿牌坊上的雕饰

河北保定古莲花池牌坊

只蝙蝠组成图案雕绘在牌坊上，以象征长寿、健康、富裕、平安、人丁兴旺及子孙满堂等五种天赐之福。

鹿：与"禄"谐音，常被用作牌坊雕绘的图案，以象征升官晋爵、高官厚禄。

鱼：与"余"谐音，常与水塘、荷莲一起组成图案被雕绘在牌坊上，以象征金玉（鱼）满堂或连（莲）年有余；同时，鲤鱼跳龙门又是读书人金榜题名、荣登仕途的代名词。因此，鲤鱼腾浪也常被用于雕绘牌坊的图案，以象征科举及第、金榜题名。

松、竹、梅"岁寒三友"象征着健康长寿和坚贞不屈的品格。鹤、龟、麒麟、荷花、荷叶、牡丹、如意等具有象征意义的动物、花卉和器物也常被刻绘在牌坊上，表达长寿、幸福、健康、吉祥、如意等丰富内涵。这种含蓄的表达方式很符合我们民族深沉、内敛的性格，因而成为中国人集中表达对家人、亲友，乃至民族、国家深厚情感的一个平台。透过一个个牌坊和那些被赋予各种深意的图案，我们可以略微感知古人丰富的情感世界，他们的所思所想都已凝聚到这一座座的牌坊上了。除了这些动植物的图案外，牌坊最大的特色还有"坊眼"。比如北京中山公园进口处的牌坊，上面就有郭沫若题写的"保卫和平"四个字，为的就是表明这座牌坊的建造对象和建造原因，否则就失去了建造的意义和价值。另外还会在牌坊上注明牌坊是为谁建的、为什么事而建、由谁建的和什么时候建的等内容，有的还会题写对联。这些文字是中国封建社会中人们的人生理念及封建礼教、传统道德观念的集中表现。

（三）牌坊的分类

牌坊，按不同的分类标准可以划分成许多类别。

1. 从修筑牌坊的目的来分类，主要有：

山西榆次老城县府衙门牌坊上的浮雕图案十分精美

孔林神道牌坊

功名牌坊：大多是褒奖在守卫边疆、抵御外敌入侵，平讨叛逆、征战四方军功显赫的武将和在朝廷辅佐皇帝、勤政为民，在治理国家和整顿地方上政绩卓著的文臣而建立的。这类牌坊的起源很早，秦汉时就有这项制度。

道德牌坊：主要是表彰在传统的封建道德忠孝节义等方面有良好表现的孝子贞妇的，是统治者维护封建伦理纲常的主要手段之一，是麻痹人民，进行愚民统治的一种工具。其中，以表彰贞节烈妇和孝子贤孙的最多。例如，山东单县保存的十五座牌坊中，这类牌坊占了绝大多数。明清之际，随着封建统治的强化，对人们思想文化上的控制更为严密和专制，这在牌坊上表现得最为充分。现存的道德牌坊大部分都是这两朝时期所建。像安徽省的徽州地区只有六个县，保存到现在的牌坊就达一千多座，多数都属此类。其中最具有代表性的当属安徽省歙县棠樾牌坊群，歙县牌坊之多，堪称中国之最。从最早的贞白里坊到封建时代的最后一座牌坊——贞烈砖坊，至今仍有82座。

标志牌坊：主要建立在重要的宫殿寺庙前，具有大门的作用和彰显旌表的功能。因为此类牌坊一般都建在入口的显眼处，所以逐渐成为所在主体的标志性建筑。

标志性牌坊一般都建在入口的显眼处

陵墓牌坊：主要是帝王皇家陵寝，为了显示皇家的尊贵的身份和帝王的权威，增加陵墓的肃穆庄严的气氛，都非常重视陵墓外部的装饰，而牌坊是其中重要的组成部分。此外，一些官僚士绅和文人墨客为了彰显身份和凭吊纪念，也都喜欢在陵墓前修建壮丽气派的牌坊装点门面。此类牌坊最具有代表性的莫过于北京的明清帝王陵墓和南京的中山陵牌坊，这类牌坊早先源于汉唐时期的墓阙和墓表。

2. 从牌坊的建筑样式和风格上分类：

由于中国地域广大，各地区的民俗风情、经济发达程度、气候情况、建筑材料等条件

中山陵牌坊

牌坊的制作工艺集中体现在
"雕""画""砌"三方面

都有很大的差异，加之受中国传统文化影响
大小的不同，所以牌坊在全国各地的分布
很不均衡，并且大都带有鲜明的地域特色。
大体而言，东部多于西部，主要集中在北
京、山东、安徽、浙江等地。在这些牌坊数
量较多的地方，也都呈现出不同的特点。牌
坊从风格形制上大体分南、北两大派。南派
牌坊秀丽精巧，尤其是徽式、苏式、桂式牌
楼，高挑的檐角显得秀气端庄，犹如江南的
女子婉丽动人；北派牌坊则受传统文化的影
响，承袭了秦汉以来厚重庄严宏大的建筑风
格，大多有宫廷建筑的痕迹，显示出皇家的
肃穆与威严，凝重和粗犷。其中，北京以皇

秀丽精巧的南派牌坊

家礼制、标识、装饰性的牌坊为特色；山东则是著名的孔孟之乡，受传统文化影响较重，其牌坊多是与儒家文化有关的，彰显出深厚的文化底蕴；徽州和江浙地区多是民间的旌表、纪念牌坊。牌坊作为一种独特的人文景观，具有深厚的历史文化意义和较高的现实价值。不同地域、不同风格的牌坊，展现出一幅幅具有浓郁地域色彩的优美画卷，也显示出祖国地域的广大、文化的丰富。

3. 从牌坊的材质上分类，主要有：

石牌坊：牌坊中最主要的一种，是我国现存牌坊中数量最多、分布最广、工艺最复杂的。大部分的功名牌坊和道德牌坊都是石制牌坊，这类牌坊以景园、街道、陵墓前为多。从结构上看，繁简不一，简单的只有一间二柱，无明楼；复杂的有五间六柱十一楼者。但基本上都是四柱三间式的，这是石牌坊的主要建筑形制。石牌坊的浮雕镂刻很有特色，如果石质坚细，不仅浮雕生动，而且其精细的图案历经数百年都清晰可见。

砖牌坊：此类牌坊主要是作为祠堂、会馆、宅院等建筑的大门，民间称为"牌坊门"。主要分布在四川、湖南、江西、安徽、浙江等长江以南地区，是南方民间最常见的一种门。

另外，还有一种是晚清近代时期的砖牌坊，却是形制工艺上最为粗陋的一种。主要是因为国家衰败，经济上的窘迫和经费有限，所以采用最便宜的砖瓦，因此这类牌坊只能说大体上有个轮廓而已，根本谈不上什么艺术性和工艺性。

木牌坊：大都装饰华丽，飞檐斗拱，正因为这样，顶部的重量较重，使牌坊的稳定性受到影响，为加固牌坊，很多都采用"八"字平面结构。木牌坊多用于官署、庙宇等场所。另外，在老北京人们喜欢用高大的冲天式木牌坊作为临街店铺的门面，在额坊上挂上店铺的匾额、招牌和幌子，成为集装饰性、

安徽歙县昌溪木牌坊

牌坊的建筑形制、工艺和分类

标示性、商业性于一体，传统文化浓厚的一种独特建筑。

水泥坊：是近代才兴起的一种牌坊。主要是仿制过去的石牌坊和木牌坊的形制，制作都很粗糙，还有的用于古牌楼的搬迁和加固工程。数量不大，也并不重要。

琉璃牌坊：实际上是砖石结构，只是在

重庆市人民大礼堂琉璃牌坊

表面贴有黄、绿两种颜色的琉璃瓦。这是一种高级华丽的牌坊，主要在北方地区的皇家建筑和寺庙中较为常见。例如，北京北海小西天琉璃牌坊。这种牌坊与其他牌坊的不同之处在于其底部是石制的须弥座式基台，檐顶用琉璃斗拱托起。在阳光的照耀下，光彩绚丽。现存的琉璃牌坊很少，更显得弥足珍贵。

辽宁大连金石滩中华武馆牌坊金碧辉煌

唐宋以来，随着牌坊在人们日常社会生活中的应用越来越广泛，作用越来越重要，牌坊的种类区分也日益细化，形成了名目繁多、功能各异、类别齐全的严整体系，牌坊已从单纯的纪念性建筑发展上升为一种文化。按照牌坊的具体用途、功能性质，适用场合等诸方面因素，把牌坊细化为功能用途明确的各种专门性牌坊：忠正名节牌坊、科甲功名牌坊、孝子懿行牌坊、贞妇节女牌坊、仁义慈善牌坊、历史纪念牌坊、学宫书院牌坊、功德牌坊、百岁寿庆牌坊、文庙武庙牌坊、衙署府第牌坊、地名牌坊、会馆商肆牌坊、陵墓祠庙牌坊、寺庙牌坊、名胜古迹牌坊等。这些牌坊主要起着褒奖教育、炫耀标榜、纪念追思、风俗展示、装饰美化、标识引导等用途。

三、各式牌坊和牌坊背后的故事

功名牌坊

现在，我们按照牌坊修造的目的和用途，分类介绍具有不同意义的各式牌坊。牌坊，最初仅是一种纪念性的装饰建筑。

（一）功名牌坊

功名牌坊主要是纪念那些为国家建立特殊功勋的人，为了表彰他们的功绩，使后世的子孙瞻仰先辈们的丰功伟绩，劝勉世人而修筑。此类牌坊主要有两层用意：一是对功臣的一种褒奖，是一种最高的名誉奖励，用以鼓励文武大臣们为皇帝的江山社稷竭忠尽力。建功名坊在当时是很高的荣誉，除非立下盖世的大功，否则是不能获此殊荣的。二是起一种教化的作用，让人们明白，国家是不会忘记那些为国家作出贡献的人的。由此可见，当时的统治者用意之深。此类牌坊在现在仍有大量存世。这里举两个有名的功名牌坊：

1.李成梁功名牌坊

现位于辽宁省锦州市北宁县城内钟楼前，是明朝万历八年（1580年）明神宗朱翊钧为表彰辽东大将李成梁的功绩，命辽东巡抚周咏等人修建的。牌坊为四柱三间五楼式石制牌坊，高9.25米，宽10.5米，庑殿式檐顶，檐下有一个竖匾，上刻"世爵"两个大字。上层额枋间的题版上则横刻着"天朝诰券"，在旁边刻有修建者的姓名、职务的小字注文。在下层的额枋题版上横刻着"镇守辽东总兵官兼太子少保宁远伯李成梁"等字。在牌坊上还浮雕"鲤鱼跳龙门""二龙戏珠"和四龙、四鹿、四季花卉等花纹图案。整个牌坊气势雄伟、宏大壮观，具有极高的历史价值。

李成梁，（1526-1615年），明代隆庆、万历年间的著名将领，字汝契，铁岭卫（现辽宁铁岭）人。明朝嘉靖年间从军入伍，后因为作战勇敢、战功卓著，被多次提升。最后被任命为辽东总兵（相当于军区司令），成

李成梁墓

戚继光像

为明朝在东北的高级军事统帅。当时的辽东是明朝边防最为难守的地方，蛮族众多，蒙古、女真各部连年入侵，边境上常年烽火不断。自从李成梁守辽之后，多次率部大败入侵的蒙古、女真，给敌人以沉重的打击，使边境上的敌人闻风丧胆，不敢轻易进犯。明朝的东北边境恢复了往日的宁静。在当时明朝官吏腐败、边备废弛的情况下，是极为难得的。他几乎年年在边境上和敌人作战，打了很多的胜仗。史书上说他"师出必捷，威振绝域"是名副其实的。因此，朝廷为表彰他为国家立下的汗马功劳，多次给他加官进爵。万历皇帝对李成梁十分欣赏，封他宁远伯的爵位，并特地下令让当时的辽东巡抚为他修造了这座显示其赫赫战功的石牌坊。

2. 戚继光父子总督坊

百姓俗称"戚家牌坊"，现存于山东省蓬莱县城戚家祠堂南侧，兴建于明朝嘉靖四十四年（1565 年），是明朝政府为表彰戚继光父子在平定倭寇的战争中立下的卓越功勋而修建的。牌坊为四柱三间五楼式石牌坊，通高 9.3 米，横跨长度 8.3 米，庑殿式顶层三层斗拱。在明楼的檐下立有圣旨牌，整个牌坊共有三层额坊，在额坊的题版上刻着："诰赠骠骑将军护国都指挥使、前总督山东备倭戚景通、镇守浙福江广桂总兵都督同前督备倭戚继光"等字。除此之外，在牌坊上采用了镂透雕、浮雕和圆雕等多种雕刻手法，刻有鱼、龙、马等寓意祥瑞的图案。整个牌坊设计宏大、雕刻工艺精湛，是牌坊中的上乘之作。加之牌坊的主人又是著名的抗倭民族英雄戚继光，所以牌坊的知名度很高，是中国现存的著名牌坊之一。

戚继光 (1528—1588 年)，汉族，字元敬，号南塘，晚号孟诸，山东登州人，一说祖籍安徽定远，生于山东济宁。明代中后期著名

戚家牌坊近景

戚继光是抵御倭寇的民
族英雄

的抗倭将领、民族英雄、我国著名的军事家，著有《纪效新书》、《练兵实纪》两部经典军事著作。父亲戚景通是明军中的高级将领，驻守于现在的山东沿海一带防御倭寇。当时正是明朝嘉靖年间，皇帝崇信道术不理朝政，朝廷大臣结党营私，贪赃枉法，国家处于一片混乱中，倭寇趁机在中国的东南沿海一带大肆抢掠，杀人放火无恶不作。戚继光生活的时代正是倭寇最为猖獗的时期，少年时的戚继光亲眼目睹了海防废弛，百姓惨遭倭寇的蹂躏，家破人亡流离失所的一幕幕人间惨景，从那时起就立下了扫灭倭寇的志向，在16岁就写下了"封侯非我意，但愿海波平"

的诗句。长大后承袭父职，率军在浙江、福建沿海一带多次击败进犯的倭寇，戚继光的军队纪律严明、装备精良、训练有素，经常以少胜多，以很少的伤亡大量杀伤倭寇，使倭寇闻风丧胆，百姓都把戚继光的军队叫"戚家军"。戚继光还根据江南一带多湖泊沼泽的特点，发明出一种适合在当地作战使用的攻防兼备的阵法"鸳鸯阵"。这种阵法可以根据敌人和地形灵活地变换队形，配以盾、矛、枪、狼筅、刀等长短兵器，机动灵活地打击敌人，经过十几年的浴血奋战，大小战役八十多次，终于消灭了全部倭寇，使东南沿海一带恢复

戚家牌坊

各式牌坊和牌坊背后的故事

人们将永远纪念民族英雄戚
继光

了往日的繁华，人民得以安居乐业。为了纪念这位民族英雄，表彰他在抗倭斗争中为国家和人民立下的不朽功勋，兴建了这座具有非凡历史意义和纪念价值的著名牌坊，使子孙后代铭记不忘，使英雄的事迹千秋万代地传颂。这就是功名牌坊修建的初衷和最终用意。

（二）道德牌坊

道德牌坊主要是为了表彰那些在传统道德方面有突出表现的人，比如孝子贤孙的孝行和那些丈夫死后保守贞节不再嫁人的寡妇们。这种牌坊因为标准较低，不像功德牌坊那样需要较高的条件，所以兴建得很多，加之明清时期封建保守思想趋于顶峰，统治者

和当时社会对立牌坊非常重视，这类牌坊逐渐成为明清两代牌坊的主要形式。

1. 贞节牌坊

旌表贞节妇女的做法开始于汉代，到了明清时期，牌坊发展到了它的黄金时代。起初是用于颂扬在科举考试中取得佳绩的人，到了 18 世纪，也就是清朝中叶，旌表的重点转向了节妇贞女。于是，一代代的妇女从此便在封建礼教的桎梏下呻吟。那一座座冰冷灰暗的牌坊下，是一个个命运悲惨的妇女无助的叹息，承载了妇女们太多的沉重和痛苦。

2. 百寿坊

现位于山东省单县城内，俗称朱家牌坊。建于清朝乾隆三十年（1765 年），是一座四

百寿坊

柱三间三楼式的石牌坊，是为当时的翰林院孔目赠儒林郎朱叔琪之妻孔氏所建，因为在牌坊上刻有一百个不同字体的"寿"字，所以被称为"百寿坊"。整座牌坊跨街而立，高约 13 米，宽约 8 米。牌坊的图案纹饰非常丰富，采用了浮雕、透雕和平雕相结合的雕刻方法，除了传统的狮、龙、牡丹外，还有鹤、凤、梅花等奇花异卉。牡丹蝴蝶（寓意富贵无敌），芙蓉牡丹（寓意荣华富贵），竹梅绶带（寓意齐眉到老），梅花喜鹊（寓意喜上眉梢），春燕桃花（寓意长春比翼），绣球锦鸡（寓意锦绣前程），水仙海棠（寓意金玉满堂），秋葵玉兰（寓意玉堂生魁），都是以谐音和隐喻表现某种吉庆。其构筑精巧宏伟，雕刻精致生动，有矫捷神俊的雄狮、绕柱回舞的蛟龙、满饰额枋的牡丹，额枋祥云间翩翩飞舞有五只透雕仙鹤及浮雕的引颈鸣唱相对翱翔的双凤，狮座下左右面浮雕的圆形方形蟠螭、鹤图案，刀法简洁洗练，造型古朴优美。整个坊体结构严谨，疏密有致，刀法多变，雕琢精细。这些都深刻表现了我国古代石工匠心独运的艺术构思和精美华茂、炉火纯青的建筑雕刻工艺。

百寿坊是为朱叔琪之妻孔氏所立。朱家是单县最大的富户财主，有土地二十多万亩，祖父朱廷焕做过大名府兵道副使，朱叔琪凭借祖上留下的巨额财富，在乾隆年间做了翰林院的孔目，后来又娶了当地的高门大族曲阜孔家的姑娘。孔氏手指间有皮相连，形状像鹅、鸭的掌，于是当地的人给她送了个绰号叫鹅鸭公主。因为这个残疾，很难嫁到好的人家，最后不得已才嫁给位卑官小的朱叔琪。但孔家毕竟是当地的名门望族孔子的后裔，为了显示其门第的高贵，提出要朱家一步一个元宝摆到曲阜。朱家用元宝摆了双列，一直摆到了曲阜，远远超出了孔家的要求。孔氏嫁后不到十年，朱叔琪因病去世。当时孔氏才26岁，此后的几十年里，孔氏恪守封

百寿坊俗称朱家牌坊

各式牌坊和牌坊背后的故事

天下第一坊 —— 安丘庵
上牌坊

建妇道，矢志守节，抚养幼子成人，在当地
传为佳话，再加之孔家和朱家都是当地的豪
门强宗，所以孔氏死后，朱家和孔家奏明朝
廷请求对孔氏这种贞节的行为给予表彰，乾
隆皇帝降旨建坊旌表。皇四子履郡王也赠诗
道："布衣蔬食度生平，喜看庭芝渐次成。月
冷黄昏霜满地，穗帷遥出读书声。""数十年
来铁骨支，养生送死总无疵。冰操劲节光天地，

千古常教奉母师。"

3. 节动天褒坊

民间俗称"庵上坊",位于山东省安丘市
庵上村,建于清朝道光九年(1829年),是
为了旌表当地儒生马若愚的妻子王氏。王氏
在丈夫死后,侍奉公婆、抚育子女,终生守
寡未再婚嫁,"奉亲守志,节孝两全",29岁
时郁郁而终。为了表彰王氏的贞节和孝道,
马家"奉旨建坊,旌表节孝",建造了这座贞
节牌坊。相传石坊由江苏扬州著名的石匠李
克勤、李克俭兄弟及其八名弟子设计雕刻而
成,其完美的造型设计和卓绝的雕刻技艺闻
名遐迩,当地素有"天下无二坊,除了兖州

庵上坊近景

庵上坊字牌

是庵上"之说。也就是说除了兖州的牌坊外，天下再无其他牌坊可以和它媲美，可见其建造之精美。

牌坊是四柱三间式石牌坊，高约 12 米，宽约 9 米，庑殿式顶部，檐下透雕斗拱，明楼下两面都刻有写着"圣旨"的龙凤牌。在额坊题版上的两面分别刻着，"节动天褒"和"贞顺流芳"八个楷书大字。题跋上镌刻着"旌表儒童马若愚妻王氏节孝坊"字样。在额坊和和牌坊的立柱上，精雕细刻着各种寓意吉祥的动植物图案，像"狮子"与"师"谐音，与古时的"太师少师"等官名相合，表达了对官位的祈求。"绣球花"有两种含义：1. 在

古时的民间，绣球是爱情的信物；2.雕刻雄狮踏绣球，则寓意华夏一统。在牌坊上雕刻锦鸡玉兰则有"金玉满堂"的寓意。整座牌坊雕刻技法纯熟精湛，石匠们采用浅浮雕、高浮雕、透雕、圆雕等不同技法，在不同部位刻画了神态潇洒的八仙、腾云驾雾的青龙、四季花草等数十种景物，不仅形象生动逼真，栩栩如生，而且繁简得当，主次分明，构思巧妙，意境深远，是牌坊中的上乘之作，堪称我国石刻艺术的精品。

关于这座牌坊，民间有许多故事和传说。据说，从前，庵上村有个财主叫马宣基。他有两个儿子，马若愚和马若拙。长子马若愚

庵上坊全景

到了该成婚的年纪，经人做媒与邻近北杏村王翰林的女儿定了亲。在定亲的第二年，马家选了良辰吉日派了盛大的迎亲队伍携带丰厚的彩礼来迎娶，但就在举行婚礼的当天，突然下起了大雨，前来贺喜的亲朋无不大惊失色，因为按照当地的风俗，结婚下雨是非常不吉利的事。马若愚的父母认为新娘一定是被穷神恶鬼附了身，一定要等到破解之后才能拜堂完婚。新郎新娘被迫各自待在自己的房间，彼此不能见面，经此打击的马若愚一病不起，这更加深了马家人此前的怀疑，确信新娘真的给这个家族带来了厄运，因此，婚礼便搁置下来。

过了不久，重病在身的马若愚便离开了人世。这时，王氏这位还未正式过门的儿媳却毅然留了下来，以长子媳妇的身份侍奉公婆，在过了十几年孤苦寂寞的寡居生活之后，带着无限的惆怅和失落，王氏离开了这个给她痛苦远多于欢乐的人世。而王氏的娘家也是当地的高门大族，为女儿在马家的遭遇不平，要求马家修建一座牌坊来纪念表彰他们品行高尚恪守妇道的女儿。这时，马宣基夫妇已经过世，马若愚的弟弟马若拙执掌了家族的大权，他十分敬重嫂子的德行，同时马家雄厚的家业和财产也使他有足够的信心来完成这项耗资巨大的工程，因此他答应了王家的要求。但建造牌坊是必须要得到朝廷批准的，私人是不能随便修造的，王氏的父亲曾在朝做过翰林，认识很多高官权贵，不久，果然弄来了批准建坊的圣旨。马家便开始在各地张榜招募工匠。最后，来自扬州的石匠李克勤、李克俭兄弟揭了榜，承担起这个繁重复杂的修造任务。建造工程艰苦巨大，石材全靠人力和畜力从很远的地方运到工地，仅仅为了铺设运输石材的道路和制作滚木，就已经把多处山林伐光。为此，马家雇佣了

庵上坊侧面

各式牌坊和牌坊背后的故事

大量的劳力来进行工程的建造。甚至支付工钱的铜钱都要用大筐来装，每天都要抬出几筐铜钱用来支付各种开销。多年后，牌坊终于建成了。但马家却倾家荡产从此家道中落，甚至要靠乞讨度日过活。

其实，在牌坊的建造中，家族的钱财和权势始终是决定性的因素。很多的地方大财主、大家族缺乏能在科举或仕途上取得成功的机会和能力，但却有足够的财力使家族中寡居的妇女继续留在家族中，并以她的名义向朝廷申请立坊旌表，通过修建牌坊来炫耀他们的财势和显赫的地位。而那个可怜的被

贞节牌坊

贞节牌坊

树牌坊旌表的贞节妇女，只不过是一个借口和幌子罢了，修建牌坊的真实动机是为了给整个家族涂脂抹粉，而不是为地位低下、命运坎坷的苦命妇女树碑立传。一旦家族的目的达到，便不再有人去关心那个贞洁女子的命运了。

清朝著名学者俞正燮的《癸巳类稿》中收录了一首诗可以对此作以说明：

闽风生女半不举，长大期之作烈女。

婿死无端女亦亡，鸩酒在尊绳在梁。

女儿贪生奈逼迫，断肠幽怨填胸臆。

族人欢笑女儿死，请旌藉以传姓氏。

贞节牌坊

三丈华表朝树门，夜闻新鬼求返魂。

这首诗对当时寡妇自杀殉夫的风俗习惯做了深刻的揭露和批判。明清时期，受当时的风气影响，寡妇自杀殉夫已成为一种习俗。在明代万历十七年（1589年）修订的《安丘县志》的"列女传"中记载了贞节妇女二十九人，其中殉夫死者就有十五人，受到旌表的有九人，都是殉夫而死的。在明代张贞的《渠丘耳梦录》中就有许多这样的故事。明朝嘉靖三十二年（1553年），安丘峒峪村村民都一贯病逝，当天半夜时分，他的妻子王氏就自缢而死。"从夫于地下"在明代被认为是最崇高的行为。类似的悲剧到了清朝初年仍大量存在，清朝康熙二年（1663 年）在《续安丘县志》中记载了从明朝万历十七年到清朝康熙二年的节妇贞女五十人，其中殉夫死者二十八人。到了清朝雍正六年（1728 年），雍正皇帝颁布圣谕，批评寡妇殉节是逃避圣人教导的家庭责任的卑怯行为，认为真正的节妇应该继续活下去，并为夫家恪守妇道。尽管这并没有消除寡妇自杀的现象，但此后自杀的人数确是显著减少了。18 世纪以后，甘愿过着青灯孤影寂寞生活的寡妇远远多于自杀者，马若愚的妻子王氏没有选择自杀，正是时代风气转变的结果。现在，我们就明

贞节牌坊

各式牌坊和牌坊背后的故事

白了，那一座座高大的、精雕细刻的牌坊到底意味着什么。牌坊上的"圣旨"只是用钱财买来的批发式的廉价皇恩，所谓的"节动天褒""贞顺流芳"都是一种官方的虚词套话，可以用在任何一名节妇身上。那些处心积虑申请建坊的家族所想要的只是"圣旨"二字而已。他们以牺牲几个女人的一生来换取家族的声名，这只是一种交换，一种交易，官方借此敲竹杠大发横财，那些财大气粗的地方豪门望族则通过建坊满足了自己的虚荣心。而那些牌坊的主人却被冷落在一边，不再有人去理睬，没有人去关心她们的命运，仿佛她们根本就不曾存在。人们眼中看到的只是这些家族的表面的荣耀。

贞节牌坊

（三）标志牌坊　　　　　　　　　　　　　　　　岱宗坊

这类牌坊建于重要的宗庙寺观等建筑前，起一种标志性作用，其建造往往与主体建筑风格浑然一体，烘托出主体建筑的庄重、肃穆。

1. 岱宗坊

现位于山东省泰安市，是东路登临泰山的起点，始建于明朝隆庆年间，清朝雍正八年（1730年）重新修筑，是一座四柱三间三楼式石牌坊。额枋间的题版上篆刻"岱宗坊"三个大字，立柱为方形，与其他牌坊不同的是，柱根没有用抱石鼓或是石狮之类的巨石来扶靠以稳定牌坊的重心，而是采用了木牌坊的

额枋间写着"高山仰止"四个遒劲有力的大字

做法，用八根石柱顶住牌坊的中段，这在石牌坊中是很少见的。此外，这座牌坊没有复杂的雕刻装饰和线条构造，显得古朴、简洁，给人一种雄伟庄重的感觉。

2. 太史公祠牌坊

太史公祠牌坊坐落在陕西省韩城县南，是为了纪念我国西汉时期著名的历史学家司马迁而修建的，这座祠始建于晋代，此后历朝历代都有修葺整理。祠堂建在高高的龙亭原半岭上，依地形整体建筑坐西朝东，自坡下拾级而上，经过四个台地建筑后，就到了位于整个建筑群的最高处——祠堂，在祠堂的入口处巍然竖立着著名的太史公祠牌坊，这是一座古朴雅致的双柱单间的木牌坊，构造虽然简单，却透着一种凝重和庄严。在牌坊的额枋间，写着"高山仰止"四个遒劲的大字。牌坊与周围大自然的瑰丽景色融为一体。在牌坊所处的地方可以凭高远眺波涛滚滚的黄河和巍峨迤逦的中条山，古人曾作诗赞叹道："司马坡下如奔澜，回首坡上告飞峦。到门蹭蹬几百级，两手抠衣鸣惊喘。"一部《史记》成就了司马迁，史圣的祠墓也像一座丰碑，历经千百年沧桑而愈显雄伟。祠墓梁山枕，山河怀抱，川塬如画。史学传千古，神威镇一峰。祠院古柏参天，殿中碑石林立，碑石以褚遂良的"梦碑"和郭沫若的诗碑最为著名。

司马迁祠

各式牌坊和牌坊背后的故事

司马迁祠

郭沫若的五律诗气势磅礴，情真意切："龙门有灵秀，钟毓人中龙。学殖空前富，文章旷代雄。怜才膺斧钺，吐气作霓虹。功业追尼父，千秋太史公。"律诗碑拓成为游人必存之宝物。祠庙寝宫后有司马迁的坟墓，圆形墓为青砖裹砌，嵌有八卦砖雕。墓顶有一千年古柏，如巨掌撑天，如同太史公的崇高志向，永驻天地之间。近年来，韩城市又将元建大禹庙、三圣庙及宋制的河渎碑搬迁到此，壮大了司马迁祠墓的古建规模。同时，为纪念八路军东渡黄河而建立的"八路军东渡黄河出师抗日纪念碑"，也为其增添了一处亮色。

3. 古隆中武侯祠牌坊

古隆中牌坊

古隆中位于现在的湖北省襄樊市襄阳城以西，是国家 4A 级风景名胜区，全国重点文物保护单位。据《舆地志》记载："隆中者，空中也。行其上空，空然有声。"隆中因此而得名。三国时期的蜀汉丞相、著名的政治家、军事家诸葛亮青年时代曾在此隐居躬耕，使隆中成为闻名中外的人文景观。晋代，当时的镇南将军刘弘便曾来到隆中瞻仰诸葛亮的故宅，凭吊纪念并且立碑旌表。在唐朝以后陆续建有"武侯庙""武侯祠"等纪念建筑。

"古隆中"牌坊，建于清朝光绪十六年

武侯祠牌坊

（1890 年）。牌坊坐西朝东，建在了武侯祠的右前方，是一座四柱三间五楼式石牌坊，檐顶翘角较为夸张，檐下镂雕檐版和斗拱。额枋间的题版上刻着"古隆中"三字，两边的立柱上镌刻着唐代著名诗人杜甫颂扬诸葛亮的名诗《蜀相》中的两句"三顾频繁天下计，两朝开济老臣心"，这句诗以凝练的笔墨概括了诸葛亮一生的功绩和才德。中间宽 2.7 米，侧间宽 1.94 米，中楼高 7.5 米，次楼高 5.56 米，柱前后有抱鼓石，中坊正、负面分别阴刻"古隆中""三代下一人"，侧门坊正面分别阴刻"澹泊明志""宁静致远"，周围浮雕着隆中访贤故事。武侯祠为襄阳"古隆中"的主要建筑，始建于明嘉靖年间，清乾隆二十一年 (1756

年）重修。坐北朝南，占地面积约 1000 平方米，中轴对称布局，三进院落。有前殿、中殿、正殿，分别面阔三间 10.9 米、11.5 米、12.15 米，进深三间 7.8 米、6.66 米、8.23 米。均为单檐硬山灰抬梁式构架。殿与殿之间有廊庑，面阔三间 12.1 米，进深二间 4.95 米，卷棚顶穿斗式构架，封火山墙。前殿外立面为四柱三间重楼牌坊式造型，额匾书"汉诸葛丞相武侯祠"。1996 年被国务院公布为第四批全国重点文物保护单位。

自古以来，诸葛亮便被人们视为智慧的化身，更是一位勤政廉洁、忠君报国的著名宰相。因而，凡是他到过的地方，当地的人

古隆中牌坊上的红色字牌在雪景中十分显眼

各式牌坊和牌坊背后的故事

武侯祠在全国有七座，分布在
不同城市

们都纷纷为他立庙纪念。与诸葛亮有关的纪
念性建筑遍布全国各地，仅武侯祠就有七座。
然而纪念地太多，就难以分辨真假，从古到今，
为谁是诸葛亮正宗纪念地而发生过不少争议。
其中尤以湖北襄阳古隆中和河南南阳卧龙岗
两地的武侯祠谁为"正宗"之争最为有名。
两地的武侯祠，历史都很悠久。隆中的建于
晋代，保留着古朴的风貌；南阳的建于唐代，
更显得宏大堂皇，两地都以诸葛亮的躬耕地
自居，为武侯祠的正宗而争。为此，还打过
不少笔墨官司，"隆中派"以《隆中对》之"隆
中"为证，"南阳派"以《出师表》"臣本布衣，

躬耕于南阳"为证，争得不亦乐乎。到清代咸丰年间，襄阳人顾嘉衡出任南阳知府时，这场争论更达到了高潮。南阳人认为：襄阳人来南阳做知府，可要处事公平，不能向着家乡，将武侯祠的正宗桂冠判给襄阳，否则叫他这个知府坐不稳。襄阳人认为：既然是家乡人到南阳为官，一定要为家乡人伸张正义，将古隆中的武侯祠判为正宗，否则不要他回家乡。两边互不相让，要等顾知府表态。顾嘉衡听了双方的意见，没有立即表态，请大家下堂休息，说是第二天再判。第二天一早，双方又来到府衙，等顾知府的评判，只见顾嘉衡拿出文房四宝，提笔写了一副对联：心在朝廷原无论先主后主，名高天下何必辨

诸葛亮像

襄阳南阳。此联一出双方心服口服，都佩服襄阳顾知府的才智，从此这场争论才告一段落。那么，诸葛亮躬耕之地究竟在何处呢？只要了解当时的历史地理知识，就不难辨别。隆中在汉时属南阳郡所管辖，于是诸葛亮便称自己"躬耕于南阳"。明代以后，隆中才划归襄阳，而襄阳、南阳又分属湖北、河南两省，因此才有了以上的争论。事实上，诸葛亮的躬耕之地只有一处，那就是古隆中。

（四）陵墓牌坊

多见于皇家陵墓前，为了显示墓主的显赫身份，牌坊都建得豪华气派、华丽非凡。此类牌坊，尤以明清帝王陵墓最具典型性和

十三陵是明代十三个皇帝的陵墓

代表性。

1.明十三陵牌坊

位于北京市昌平县的天寿山下，处在明代十三个帝王陵墓神道的最南端，建于明朝嘉靖十九年（1540年），是一座六柱五间十一楼的彩绘超大石牌坊。通高约14米，横跨约28.86米，庑殿式顶部、檐下刻有四层石制斗拱，是全国现存最大的石牌坊。牌坊上巨大的汉白玉石构件和精美的石雕工艺巧夺天工。牌坊通体全用汉白玉砌成。在额枋和柱石的上下，均刻有龙、云图纹及麒麟、狮子等浮雕和阴刻仿木结构的彩画纹饰图案。这些图纹上原来曾饰有各色彩漆，因年

万古长春牌坊

代久远，现已剥蚀净尽。整个牌坊晶莹光洁，雄伟壮丽，结构恢弘，雕刻精美，纹饰飘逸，是中国现存牌坊中的精品，是举世无双的国宝，其规模等级和建筑修造工艺都达到了炉火纯青、登峰造极的程度。反映了明代石质建筑工艺的卓越水平，是我国牌坊中的代表作。

2. 万古长春牌坊

民间俗称"五门牌坊"，位于山东省曲阜孔林（孔子及其后裔的墓地）的神道中段，始建于明朝万历二十二年（1594年），是一座六柱五间五楼式的石牌坊，这是只有帝王才能享有的规格，普通的臣民最高也只能是四柱三间式。孔子是除了封建帝王外，唯一享受这一待遇的平民，这也是给予这位中国历史上最伟大的教育家的最高褒奖。牌坊飞檐斗拱，明间的额枋正中镌刻着"万古长春"四个字。雍正年间重修，雍正帝特意命臣下在旁边加刻"奉敕重修"等字样，中间的柱子浮雕盘龙，其他柱上也有浅雕纹饰图案，刻功精美，柱根前后都立有高大的抱石鼓。在抱石鼓的两面分别雕刻盘龙、舞凤、骏马、麒麟等瑞兽，形象生动，栩栩如生。此外，又在抱石鼓上雕琢了神态各异的小石狮子，雄伟的气势、精湛的工艺，都可与帝王陵墓牌坊相媲美。牌坊的两侧各有一座明朝嘉靖年间的御碑亭，东亭碑题"大成至圣先师神道"，西亭碑题"重修阙里林庙"。

孔林大门前有一座木制牌坊'至圣林'

各式牌坊和牌坊背后的故事

四、棠樾牌坊群

棠樾牌坊群是中国现存的规模最大的牌坊群，位于安徽省歙县郑村镇棠樾村东大道上。共有七座，其中明代三座，清代四座。七座牌坊，拔地而起，古朴典雅，蔚为壮观，自然地构成牌坊群，使参观者叹为观止。三座明坊分别为鲍灿坊、慈孝里坊、鲍象贤尚书坊。鲍灿坊，坊宽9.54米，进深3.54米，高8.86米，建于明嘉靖年间，清乾隆年间重修。近楼的栏心板镌有精致的图案，梢间横坊各刻三攒斗拱，镂刻通明，下有高浮雕狮子滚球飘带纹饰的月梁。四柱的噪墩，安放在较高的台基上。整座牌坊典雅厚重。慈孝里坊旌表南宋末年处士鲍宗岩、鲍寿孙父子，建于1501年，1777年重修。坊宽8.57米，进深

安徽歙县棠樾牌坊群

2.53 米，高 9.60 米。明间额枋较低，平板枋以上为枋木结构的一排斗拱支撑挑檐。明间二柱不通头，垫拱板朴质无华，加固了挑檐的基础，厚重相宜。鲍象贤尚书坊旌表兵部左侍郎鲍象贤，建于明代天启年间。四座清坊分别为鲍文龄妻节孝坊、鲍漱芳父子乐善好施坊、鲍父渊节孝坊、鲍运昌孝子坊。四座坊均为冲天柱式，结构类似，大小枋额都不加纹饰，唯挑檐下的拱板，镂刻有花纹图案。月梁上的绦环与雀替也相应雕刻有精致的纹样。

棠樾牌坊群不仅是皖南牌坊中最有名的，在全国众多牌坊中也占有重要的地位。七座牌坊逶迤成群，古朴典雅，无论从哪个

棠樾牌坊群前游人如织

棠樾牌坊群

棠樾牌坊群是明清时期建筑艺术的典范

角度看，都是"忠、孝、节、义"的顺序，每一座牌坊都有一个情感交织的动人故事。乾隆皇帝下江南的时候，曾大大褒奖牌坊的主人鲍氏家族，称其为"慈孝天下无双里，衮绣江南第一乡"。

棠樾牌坊群是明清时期建筑艺术的代表作，建筑风格浑然一体，虽然时间跨度长达几百年，但形同一气呵成。歙县棠樾牌坊群一改以往木质结构为主的特点，几乎全部采用石料，且以质地优良的"歙县青"石料为主。这种青石牌坊坚实，高大挺拔、恢弘华丽、气宇轩昂。到了明清两代，牌坊建筑艺术也日臻完善。棠樾牌坊对研究明清时代的政治、经济、文化及建筑艺术和徽商的形成和发展，甚至民居民俗都有极其重要的价值。

棠樾村的七座牌坊中，最早一座为西边第二座，建于明永乐十八年(1420年)。此坊的建立却是为了旌表前朝人。宋末当地盗乱，村人鲍宗岩在山谷躲避，被强盗抓住，绑在树上准备杀死。他的儿子鲍寿孙前去乞求强

棠樾牌坊群均采用质地优良的"歙县青"石料建造而成

棠樾牌坊群

盗放了父亲,用自己代死。父亲说:"我老了,就这一个儿子传宗接代,哪能杀他?我愿意自己死。"两人互相争死不已,强盗心中有所感动,把两个人都放了。他们的事迹在村中传为佳话,以孝义相标榜,被官府笔录上报,后来在元人脱脱主持修编《宋史》时,把它收入《孝义传》里。到了明朝永乐十八年(1420年),皇帝朱棣读史读到了这件事,大加赞赏,为之赋诗二首,并敕令在村中建牌坊一座,赠额"慈孝里"。从此,棠樾村东头有了一座庄严巍峨的牌坊,使族人得沐皇风、骄傲乡里,孝义传家也成为族人的处世楷模。到了明代嘉靖年间,鲍氏家族中出了一位杰出

慈孝里牌坊

每一座牌坊都有一个情感
交织的动人故事

人物，名鲍象贤，牌坊群中的第二、第三座
牌坊都因他而起。鲍象贤年轻时在村中读书，
于嘉靖八年 (1529 年) 考中进士，初授官御史，
后来在云南、广东、广西平叛中屡屡立下奇功，
官阶持续升到兵部左侍郎，卒后封赠工部尚
书。嘉靖十三年 (1534 年)，皇廷旌表了鲍象
贤的父亲鲍灿的特异孝行——在母亲双脚溃
疡时用舌头为之舐疮而治愈，村中因此立起

第二座牌坊。鲍象贤死后55年的天启二年（1622年），明熹宗朱由校即位伊始，北有满清铁骑压境，南有川贵叛乱，内有白莲教起义，而明廷兵部无可用之才，他不由想起了在嘉靖朝屡立战功的鲍象贤，敕令为他建立牌坊，晓谕天下，起到倡率作用，第三座牌坊于是又挺立而起。鲍象贤因为仕途的成功，促成了氏族的繁盛，也促成了棠樾牌坊群的中兴。清代乾隆后期，鲍氏家族中出现了历史上又一位重要人物——盐务巨商鲍志道。鲍志道11岁便为生计所迫一个人出外谋生，沿着祖上立下三座牌坊的村头土路离开家乡。他在外面当学徒、做苦力，经过不断的努力拼搏，

棠樾牌坊群旁有两座祠堂

棠樾牌坊群

后来成为著名的盐商。这时，他开始实现自己心中的耿耿之志：扩建家乡村东的牌坊群。架设牌坊是要经过圣恩批准的，主要有两种可行之途：一是以功名彰显，一是以节孝称名。棠樾当时没有达官显宦，唯一的办法就是向上申报节烈人物事迹。族人在鲍志道支持下，经过帷幄运筹，先后选了两个节妇，将其事迹重重申报，打点关节，终于受到朝廷批准，立起两座节孝牌坊。族人受到鼓舞，也受到启示，有节有孝才为双全，于是又聚族策划，于嘉庆二年(1797年)获准为孝子鲍逢昌再立了一座孝子坊。鲍志道死后，其长子鲍淑芳接任盐务总商职位，这时他努力去完成父亲

鲍氏家园

的一个未能明言的夙愿——为自己建立一座牌坊。从现有六座牌坊的排列顺序可以看出，是经过精心设计的。最两头的两座，两位兵部侍郎坊，象征着对皇朝之忠；各自向内一座，是两座孝子坊——元朝子代父死的孝子和清初寻父的孝子，象征着对先人之孝；再各向内一座，是两座节妇坊，象征着女人的贞节。排列如此规整，然而两座节妇坊的立坊时间却都在清初孝子坊之前，可见在立坊时已经事先规划出空缺位置，为孝子坊的添建预留了空间。两侧各自三座牌坊建完之后，中间还留了一个位置。如果按照"忠孝节义"的

孝子坊

鲍氏家园内的盆景

序列来排,牌坊的意义中尚缺乏一个"义"字。
原来,鲍志道父子知道自己既非朝廷正式命
官,也就不可能由仕途得到敕建牌坊的殊荣,
他们只能在"义"字上下工夫。什么是"义"?
义务、义举、义事也。鲍氏父子富可敌国之后,

鲍氏姒祠，又名清懿堂

为乡里和淮扬一带做了大量修桥补路开仓赈济之义事，又为朝廷做了大量输捐输米助饷治水之义事。日积月累，积水成河，积米成篓，善名鹊起，达于天庭，终于感动了皇上，得到嘉庆皇帝"乐善好施"的封赠，所谓"义"。于是，鲍淑芳于嘉庆二十五年（1820 年）以父

亲的名义建起最后一座牌坊，完成了鲍志道
一生的心愿。从此，一列七座牌坊高高地矗
立在了棠樾村头，向世人显示着鲍氏家族的
隆兴昌盛、繁衍不息。

鲍氏敦本堂祠

鲍氏花园

鲍氏花园一景

鲍氏牌坊群的兴建史透示了一个家族盛衰更迭的内在气息。值得注意的是，它的两度兴盛，都是由于出了某个人物。而一个人的力量就足以支撑起整个家族景况的中兴，决定氏族上百年的气韵！中国古代聚族而居的村落，就是依靠这种支撑力而长期生生繁衍，经久不息。此外，棠樾的牌坊另外还有三座，只是不列队于村东牌坊群中，而是散建于村内，大约是因为不同宗支的缘故。歙县见于各种记载的牌坊有二百多座，今存者仍有八十多座，上述仅九牛一毛，不过举其例而已。相邻的黟县西递村口，原来甚至立有牌坊十二座，是一个气势更为宏大的牌坊列阵，可惜现在只剩下一座"胶州刺史坊"，孤单望月，独自回忆着往日的峥嵘。

五、牌坊的社会功能和历史意义

棂星门牌坊

牌坊的种类繁多，用途广泛，作为中国传统文化的一种物质象征，意蕴深邃，含义深远。随着时代的发展，牌坊被赋予了更多的社会功能。

1.旌表褒奖表彰功能

在深受传统教育和影响的封建时代的人

珠海梅溪牌坊

们看来，能够被树立牌坊是一件无上光荣的
事情，凭这就足以光宗耀祖。由于立牌坊能
使人"流芳百世"，因此，常被用来旌表当时
社会上身份地位显赫的功臣良将、节妇贞女、
贤才孝子等。如前文提到的道德牌坊、科举
功名牌坊、仁义牌坊等。旌表、表彰是牌坊

的主要功能。

2.道德教化功能

在传统社会里，牌坊可以说是封建礼教和封建道德的一种外在的物化的象征，使抽象、概念性的说教有了现实感。牌坊通过树立具有典型意义的人和事，使人们按照统治者意志设立的行为准则去为人处世，教育人们要忠于君主、孝顺长辈、慈爱幼小、积德行善，要遵循"三从四德""三纲五常"等封建伦理道德。比如前文提到的孝子牌坊、贞节妇女牌坊等，树立典范、教化规范人们的日常行为是牌坊另一个重要的社会功能。

济南舜耕山庄牌坊

濮阳戚城内卫国公石牌坊

3. 标志和分界功能

牌坊的树立在特定的空间具有了某种特殊的意义。虽然有些牌坊在形式上仅有两根或几根立柱，既无门，也无墙，并不能真正把空间分割开来。但通过牌坊的建立，营造了一种肃穆的氛围，使人们在经过这里时，在心理上有明显的空间跨越，感觉好像已经从一个空间进入到另一个空间，从而达到分界和标示的功能。例如官府门前的牌坊、寺宇庙观前的牌坊、街巷路口的牌坊等。

4. 寄托和表达情感的载体

牌坊建立的目的和功能不尽相同，但都是人们的一种思想和情感的表露，或是敬仰、

景德街标志牌坊

或是崇拜、或是颂扬、或是祝福，牌坊是人们丰富情感的外在集中体现。

5. 纪念功能

牌坊因为和纪念性建筑碑、华表在渊源上关系密切，所以本身具有实用建筑和纪念建筑的双重属性。可以用来记载相关的事迹，例如，牌坊主人的姓名、籍贯、官爵和立坊人的姓名、立坊的日期，还有牌坊主人的功勋、事迹、所获的表彰恩宠和对他的颂扬、纪念

河南伊川县范仲淹墓前牌坊

性质的文字。因此，建立牌坊如同树碑立传，具有一样的意义和性质，常常被人们用来作为对前辈先人的追思纪念和对重大事件的记载。

6.炫耀彰显功能

牌坊大都建立在人们往来频繁的通衢大道上，或是繁华热闹的集市或是风景名胜地区，借此来扩大影响和增强宣传的效果，使更多的人了解知晓。这给人一种荣誉感，凡

广东肇庆七星岩牌坊

湖南南岳衡山南天门牌坊

湖南南岳衡山灵芝泉牌坊

是和牌坊有关的人都会觉得无上的荣光。这也是后世那么多人不惜用各种手段方式，花费大量金钱也要建立一个与自己有关的牌坊的原因。甚至发展到了用来作为粉饰的工具，早已违背了建立牌坊的最初目的。这不能不说是一种讽刺。

7. 传播民间风俗的功能

牌坊文化是中国民俗文化的重要组成部分。牌坊，作为一种遍及民间的建筑，本身也展示了中国古代丰富多彩的民间文化。例如，民间普遍信仰的玉皇大帝、关公、城隍等各种神仙信仰，在牌坊上都有所反映。

山西晋祠牌坊

　　牌坊，作为一定时期社会历史的产物，有其存在的价值和社会功用。对于引导鼓励普通民众效仿那些道德高尚、品行端正的先贤往圣，移风易俗，改变社会的风气和价值取向，都具有积极的推动作用。关于这一点，是不应该被忽略和抹杀的。近代以来，对传统文化批判得尤为猛烈，这其中当然有它积极的一面，使人们挣脱了封建陈腐观念的束缚，对解放人们的思想大有益处。但也不免有些矫枉过正，失之偏颇，出现了彻底否定传统文化的趋势。我们须知，评价历史现象和事物，必须把它们放到特定的历史背景中

泰山"孔子登临处"牌坊

"同参密藏"牌坊

牌坊的社会功能和历史意义

广东佛山祖庙"圣域"牌坊

去，才能得到正确的认识。如果脱离特定的历史条件，以今天的眼光去对待，就难免走向极端。当然，我们不能否认牌坊等作为封建社会制度下的产物，是统治阶级统治意识的反映，是维护封建道统摧残和压制人性的工具，关于这一点必须要给予批判。毕竟，广大的生活在社会下层的民众更多的是受到了牌坊作为封建统治者精神奴役工具的残害。就如世人所知的贞节牌坊，便是不折不扣的压抑人性的专制工具，几千年的封建统治，无数的妇女在这种重压下，无助地呻吟、挣扎，最后在凄苦寂寞中死去，这不能不说是一种罪责。那一座座的贞节牌坊就是那些不幸妇女无声的控诉。虽然牌坊在其中只不过是手

"黄帝故里"牌坊

段和工具，但在某种程度上也成为了黑暗专制的一种象征。

　　与此同时，牌坊，作为承载传统文化的一种独特的物化载体，把古人关于社会和人生的思考和感悟，以这样一种形式流传下来。更为难能可贵的是，在无声的牌坊中蕴涵的含蓄深藏的情感表露方式，因为符合我们民族深沉内敛的性格，而和我们这个民族和整个民族文化紧密地联系在一起，不能分开。这也可以解释为什么只有中国才会有这种独特的建筑。牌坊，在长期的发展过程中，本身也形成了特有的牌坊文化，是中国古代建筑艺术和古典文明的完美结合。牌坊已不仅仅是一种单纯的建筑，更是一种文化的符号、一种文明的象征。